E-CLIP ⑨

감성적 창의 주도성 향상 프로그램

감성을 두드리자
EQ I

E-CLIP ⑨

감성적 창의 주도성 향상 프로그램

감성을 두드리자
EQ 1

초판 1쇄 인쇄 2022년 8월 8일
초판 1쇄 발행 2022년 8월 8일

지은이 송인섭
펴낸이 김선식

경영총괄 김은영
책임편집 박슬기   **디자인** 차다운   **책임마케터** 이석원
연구개발팀장 김재민   **연구개발팀** 박슬기, 차다운, 장민지, 조아리
콘텐트리팀 김길한, 임인선, 이석원, 윤기현
저작권팀 한승빈, 김재원, 이슬
재무관리팀 하미선, 윤이경, 김재경, 오지영, 안혜선
인사총무팀 김혜진, 황호준
제작관리팀 박상민, 최완규, 이지우, 김소영, 김진경, 양지환
물류관리팀 김형기, 김선진, 한유현, 민주홍, 전태환, 전태연, 양문현, 최창우

펴낸곳 다산북스   **출판등록** 2005년 12월 23일 제313-2005-00277호
주소 경기도 파주시 회동길 490
전화 02-704-1724   **팩스** 02-703-2219   **이메일** dasanbooks@dasanbooks.com
홈페이지 www.dasanbooks.com   **블로그** blog.naver.com/dasan_books
다산전인교육캠퍼스 www.dasaneducation.co.kr
종이 IPP   **인쇄** 민언프린텍   **제본** 국일문화사

ISBN 979-11-306-9116-9 (64370)
      979-11-306-9107-7 (세트)

1. 송인섭 교수

세계적인 자기주도학습법 권위자인 송인섭 교수는 숙명여대에서 35년 간 교수로 재직했으며, 현재 동 대학교 명예교수이자 다산전인교육캠퍼스 원장을 맡고 있습니다. 또한 한국교육심리연구회 회장, 한국교육평가학회 회장, 한국영재연구원 원장과 AERA(American Educational Research Association)에서 발행하는 학술지의 논문심사위원을 역임했으며, 70여 권의 교육 저서를 집필했습니다.

송인섭 교수는 주입식 교육이 일반적이었던 한국 교육에 자기주도학습이라는 개념을 최초로 도입해 확산하였으며, EBS 〈교육실험 프로젝트 - 스스로 공부하는 아이 만들기〉, 〈공부의 왕도〉, 〈교육 마당〉 등에 출연하여 자기주도학습의 효과를 입증하였습니다. 그리고 이 내용을 담은 《공부는 전략이다》는 부모 및 교육 관계자들에게 수십만 부 이상 판매되며, 교육계에 새로운 패러다임을 가져왔습니다. 이후로도 20여 년간 《공부는 실천이다》, 《와일드》, 《혼공의 힘》 등 교육 분야의 도서를 출간하고 자기주도학습 강연을 하며 한국 교육을 이끌고 있습니다.

또한 송인섭 교수는 다양한 학습 프로젝트를 수행하며 수십만 명이 넘는 학생과 학부모, 교사를 만나 자기주도적 공부 전략을 소개하고 상담했습니다. 이 과정에서 많은 아이가 공부에 실패를 겪고 상처 받는다는 공통점을 발견하였습니다. 아이들은 자신에게 맞는 공부법만 찾으면 충분히 극복할 수 있는 문제임에도 해결 방법을 몰라 고민하고 있었습니다. 이들을 위해 송인섭 교수는 수십만 건의 실제 학습 문제 상황을 수집하고 연구하였습니다. 그 결과 자기주도학습을 바탕으로 각자의 상황에 맞춰 공부하는 힘을 기르는 새로운 학습 프로그램인 《E-CLIP》을 개발하였고, 이 프로그램을 여러 심리 센터에 적용해 높은 성과를 얻고 있습니다.

'E-CLIP(Emotional Creative Leadership Improvement Program)'은 실제 교육 현장에서 총 8,950명의 학습자를 대상으로 20년 동안 관찰과 실험, 상담을 통해 얻은 빅데이터로 개발한 '감성적 창의 주도성 향상 프로그램'입니다. 프로그램 연구와 개발에는 자기주도학습법 권위자 송인섭 교수와 다수의 교육심리학 전문 연구진이 참여했습니다.

2. 심리 검사 및 교재 연구

전문 연구 위원(가나다순)

- 김수란 우석대 교수
- 김희정 대구대 교수
- 성소연 호서대 교수
- 이희연 한국교육개발원 책임
- 정유선 아주대 교수
- 최지혜 을지대 교수

- 김누리 목포해양대 교수
- 남궁정 숙명여대 교수
- 안혜진 수원여대 교수
- 정숙희 숙명여대 교수
- 최보라 숙명여대 교수
- 한윤영 숭실대 교수

- 김은영 루터대 교수
- 박소연 숙명여대 교수
- 육진경 루터대 교수
- 정미경 한경대 교수
- 최영미 한경대 교수

3. 심리 검사 및 교재 개발

개발 총괄

- 김영아 다산전인교육캠퍼스 부원장

개발 위원

- 이상섭 건양대학교병원 의학과
- 최이선 닥터맘심리연구소 소장

E-CLIP

Emotional Creative Leadership Improvement Program

감성적 창의 주도성 향상 프로그램

4차 산업혁명 시대에 사회가 바라는 인재상과 역량은 기존과는 전혀 다릅니다. 현존하는 많은 직업이 인공지능(AI)으로 대체되고, 새로운 직업군이 만들어지는 등 직업의 개념이 바뀔 것입니다. 우리는 이런 변화에 대처하기 위해서는 자신만의 특성을 찾고 고유한 능력을 개발해야 합니다. 4차 산업혁명 시대를 대비해 '나는 누구인가?', '나는 어떤 능력을 준비해야 하는가?'에 대한 고민이 필요하며, 그 물음에 대한 해답이 바로 'E-CLIP'입니다.

'E-CLIP'은 자기주도학습의 최고 권위자 송인섭 교수와 수십 명의 연구진이 20년 동안 개발한 '자생력 기반 자기주도학습 프로그램'으로 학습자 고유의 감성적 창의성을 계발하여 스스로 자신이 처한 환경 전반을 이끌어 갈 수 있는 인재를 기르는 교육입니다. E-CLIP의 바탕을 이루는 '자생력(감성적 창의성)'은 하늘에서 뚝 떨어진 새로운 개념도 천재적인 번뜩임 같은 특출한 능력도 아닙니다. 누구나 교육으로 익힐 수 있는 능력입니다. '자생력(감성적 창의성)'은 공부의 기틀을 다지는 힘이며 이것은 기계와 차별화되는 인간만의 본성인 감성에 일상의 다양한 문제와 활동을 새롭게 배열하고 통합하고 연결하는 창의성을 더한 개념입니다. 즉, 인공지능에는 없는 인간다움, 인간만이 할 수 있는 능력인 생각하는 능력, 상상력, 문화, 예술, 철학, 역사의식, 신념과 꿈을 실현하려는 확고한 의지 등이 바로 '자생력(감성적 창의성)'입니다.

E-CLIP 학습자가 된다는 것은 첫째, 학습의 주도권이 외부 환경으로부터 학습자에게 옮겨오는 것을 뜻합니다. 학업 성취 수준과 관계없이 스스로 학습하는 습관을 형성하고 위기를 극복하는 내적인 힘을 키우는 것입니다. 이 내적인 힘은 학습자가 경험하는 다른 상황에도 전이되어 학습자의 내면적 성장을 돕습니다. 둘째, 학습 성향 진단을 통해 문제점을 보완하고 자신에게 맞는 방향을 찾아 잠재 능력을 개발할 수 있습니다. 셋째, 학습자들은 학습 행동을 주도하는 과정을 통해 학습 몰입 경험을 하게 되며 자기 생각을 표현하고 다른 사람과 소통할 수 있는 능력을 기르게 됩니다. 이렇듯 자생력을 기반으로 하는 E-CLIP은 자신의 목표와 가치를 온전히 펼칠 수 있는 최선의 방법이며 전인적 자아실현을 통해 행복한 삶의 길을 열어 줄 것입니다.

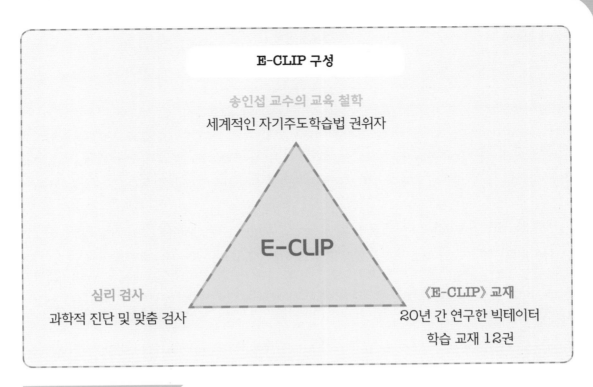

E-CLIP 구성

송인섭 교수의 교육 철학
세계적인 자기주도학습법 권위자

E-CLIP

심리 검사
과학적 진단 및 맞춤 검사

《E-CLIP》교재
20년 간 연구한 빅테이터
학습 교재 12권

송인섭 교수의 교육 철학

세계적인 자기주도학습법 권위자

송인섭 교수는 지나친 사교육으로 교육의 본질에 대한 심각한 문제가 대두되던 시기에 자기주도학습을 통해 한국 교육에 변화를 불러일으켰습니다. 그 후 수십 명의 전문 연구진과 교육심리학 이론을 배경으로 학습자들을 개별 관찰, 상담하며 학습자가 공부를 하는 이유와 배경이 무엇인지 찾는 과정에서 자생력이라는 개념을 새롭게 정의했습니다.

송인섭 교수의 교육 철학이 그대로 담긴 자생력은 인간만의 고유한 능력인 감성에 창의성을 겸비한 것으로, 심리학에서 가져온 개념입니다. 자생력의 뿌리가 되는 구성인자는 통찰력 있는 창의성, 통찰력 있는 융합, 통찰력 있는 리더십입니다. 통찰은 개개인의 능력이나 환경에 좌우되지 않고 경험의 축적과 노력 여하에 따라 향상될 수 있는 지극히 감성적인 요소입니다. 통찰 위에 창의적인 생각이 움트고, 정보와 지식을 연결하는 융합적 사고와 사회적 리더십을 발휘할 때 비로소 자생력이 완성됩니다.

이를 바탕으로 개발된 'E-CLIP'은 세계적인 자기주도학습법 권위자 송인섭 교수의 20년 연구 결정체입니다. 자생력을 과학적으로 측정하기 위한 심리 검사와 자생력을 증진하고 계발하기 위한 《E-CLIP》교재의 상호작용을 통해 학습자의 '공부하는 힘'을 향상시키고 있습니다.

과학적 진단 및 맞춤 검사

심리 검사는 학습자가 가지고 있는 '감성적 창의 주도성' 수준을 과학적으로 진단해서 현재 강점과 약점을 확인하는 도구입니다. 학습자의 특성을 정확하게 진단하고 이를 토대로 교육 프로그램을 이수하는 데 목적이 있습니다. 학습자는 심리 검사의 개인 맞춤형 성향 분석 및 결과를 바탕으로, 교육심리 전문가와의 1 대 1 상담을 통해 학습 문제를 이해하고 학습 방향을 설계할 수 있습니다.

검사는 종합적 자생력 검사 1종과 동기, 인지, 몰입, 자아존중감 등 개별 검사 5종으로 구성되어 있습니다. 동기 검사는 《E-CLIP》 1권, 인지 검사는 《E-CLIP》 2권과 3권, 동기 심화 검사는 《E-CLIP》 4권, 몰입 검사는 《E-CLIP》 5권, 자아존중감 검사는 《E-CLIP》 6권과 연결되어 있습니다. 그리고 종합적 자생력 검사는 《E-CLIP》 1~12권에 나오는 모든 특성을 점검할 수 있는 검사로, 《E-CLIP》 시작 전과 후에 각각 검사하면 학습자의 '감성적 창의 주도성' 변화를 알아볼 수 있습니다.

심리 검사 방법

심리 검사는 간편하고 빠르게 개인별 수준을 점검할 수 있는 'Short-Form 무료 검사'와 표준화된 검사 시스템인 'Long-Form 심층 검사'로 나뉩니다. 각 검사의 이용 방법은 아래와 같습니다.

Short-Form 무료 검사
다산전인교육캠퍼스 홈페이지(www.dasaneducation.co.kr)에서 PDF 다운로드를 통해 무료로 검사할 수 있습니다. 즉각적인 진단을 통해 바로 《E-CLIP》 학습을 원하는 경우에 추천합니다.

PDF 다운로드
www.dasaneducation.co.kr 접속 〉 심리 검사 〉 Short-Form 무료 검사

Long-Form 심층 검사
다산전인교육캠퍼스 홈페이지(www.dasaneducation.co.kr)에서 오프라인 심층 검사를 신청할 수 있습니다. 전문적인 검사로 학습자의 특성을 깊이 있게 파악하고, 전문가의 상담을 원하는 경우에 추천합니다.

신청 및 이용 방법
www.dasaneducation.co.kr 접속 〉 심리 검사 〉 Long-Form 심층 검사

20년 간 연구한 빅테이터 학습 교재 12권

《E-CLIP》은 송인섭 교수가 전문 연구진들과 8,950명의 학습자를 대상으로 20년 간 연구한 결과물에 학습 만화 《who?》의 위인 이야기를 더해서, 쉽고 재미있게 감성적 창의 주도성을 높이는 학습서입니다. 본 교재는 1~12권으로 나누어져 있으며, 심리 검사 결과를 바탕으로 학습자 수준에 맞춰 권 별 집중 학습 및 개별 수업을 진행할 수 있습니다.

《E-CLIP》의 주제

권	주제	학습 목표	프로그램		
			학습 동기 향상 프로그램	학습 목표 향상 프로그램	진로 설계 향상 프로그램
1	동기	능동적 학습의 시작	1단계 집중 학습		
2	인지	자생적 인지 학습			
3	인지 심화	인지 능력 향상			
4	동기 심화	동기 향상 및 유지		2단계 집중 학습	
5	몰입	깊은 학습 몰입			
6	자아존중감	내면적 성숙			
7	창의성	창의성 계발			3단계 집중 학습
8	창의성 심화	창의성 학습 확장			
9	감성	감성 계발			
10	감성 심화	정서 발달 촉진			
11	사회성	사회성 계발			
12	사회성 심화	사회성 증진			

1. 도입

세계 위인과 함께 떠나는 탐험 미션입니다.
미션 속 5가지 활동을 키워드로 살펴봅니다.

활동 키워드로 미션 시작하기

2. 이야기

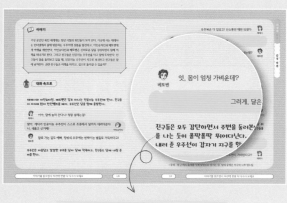

위인들의 이야기를 살펴보며 재미
를 느끼고 상상력을 펼칩니다

이야기로 미션 살펴보기

1. 전문적이다! 송인섭 교수의 '공부의 힘을 기르는 20년 연구 완결판'

2. 체계적이다! '개인별 진단 심리 검사'와 '맞춤형 학습 교재'로 만나는 진짜 솔루션

3. 재미있다! '학습 만화 《who?》의 위인'과 함께 떠나는 미션 대탐험

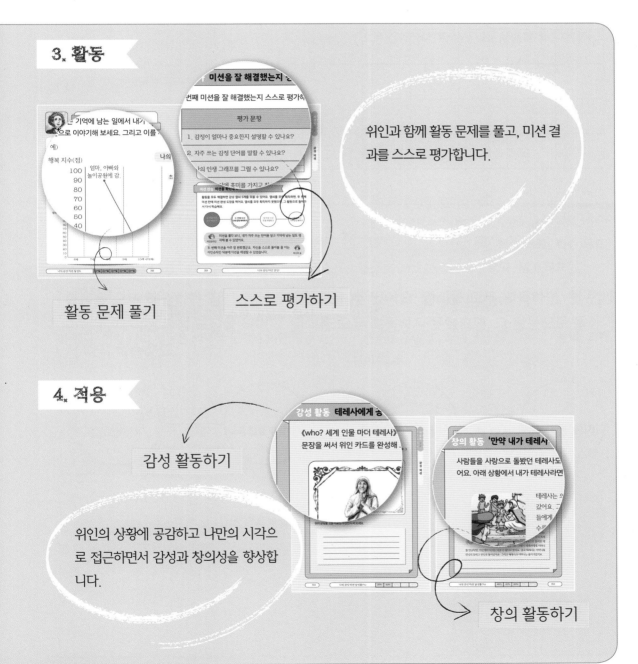

3. 활동

활동 문제 풀기

스스로 평가하기

위인과 함께 활동 문제를 풀고, 미션 결과를 스스로 평가합니다.

4. 적용

감성 활동하기

창의 활동하기

위인의 상황에 공감하고 나만의 시각으로 접근하면서 감성과 창의성을 향상합니다.

차례

E-CLIP 연구진

E-CLIP 소개

이 책의 구성과 특징

세계 위인과 함께 해결하는

자생력 UP 감성 미션

부록

미션 가이드

세계 위인과 함께 해결하는

자생력 UP

등장인물

마스터 송

생애 : 미스터리

국적 : 한국

직업 : 아이들이 미션을 해결하는 데
도움을 주는 안내자

마더 테레사

생애 : 1910~1997년

국적 : 인도

직업 : 성직자, 자선 활동가

주요 업적 : 사랑의 선교 수녀회 설립, 1979년에 노벨 평화상을
수상함.

 위인 이야기

마케도니아의 신앙심 깊은 가정에서 태어난 테레사는 안락한 삶
대신 수녀가 되어 인도의 가난한 사람들을 돌보는 길을 선택했
어요. 테레사는 모두가 포기한 인도의 빈민가를 직접 찾아가,
그들이 인간적인 삶을 살 수 있도록 도왔지요. 그 결과
신분 차별과 같은 잘못된 관습이 점점 줄어들
게 되었어요.

루트비히 판 베토벤

생애 : 1770~1827년

국적 : 독일

직업 : 음악가

주요 업적 : 음악의 성인으로 존경받는 천재 음악가,
〈영웅〉, 〈운명〉 등을 작곡함.

📖 위인 이야기

베토벤은 천재를 원했던 아버지의 학대 밑에서 가혹한 어린 시절을 보냈어요. 그는 청력을 잃어버린 음악가였지만, 시련에 맞서 싸우며 인생의 모든 경험이 담겨 있는 곡을 만들었지요. 그는 훗날 음악으로 사람들을 위로하는 '음악의 성인'이 되었어요.

알베르트 아인슈타인

생애 : 1879~1955년

국적 : 미국

직업 : 물리학자

주요 업적 : 1921년에 노벨 물리학상을 수상함, 상대성
이론을 발표함.

📖 위인 이야기

아인슈타인은 수학과 과학에 뛰어난 재능이 있었어요. 하지만 권위적인 학교 분위기에 적응하지 못해, 자신이 좋아하는 물리 연구와는 무관한 일을 하게 되었지요. 하지만 포기하지 않고 틈틈이 연구를 계속했고, 결국 세상을 뒤바꿀 만한 연구 결과인 상대성 이론을 발표했어요.

첫 번째 미션 감정 이해하기

마스터 송

마더 테레사는 다른 사람의 마음을 이해하고 공감하는 능력이 뛰어났어요. 테레사와 함께 여러 상황 속 감정을 이해하면서 미션을 해결해 보세요.

오늘의
활동 키워드

활동 01
감정

활동 02
정서 지능

학습 목표

1. 여러 상황 속 감정을 파악해서 말할 수 있다.
2. 나의 표정을 그릴 수 있다.

활동 03

감정 실험

활동 04

나의 표정

활동 05

나만의 별칭

이야기

가상 공간인 위인 세계에는 청년 시절의 위인들이 모여 산다. 이곳에 사는 테레사는 인터넷에서 달에 방문하는 우주여행 상품을 발견하고, 아인슈타인과 베토벤에게 여행을 제안한다. 아인슈타인과 베토벤은 신비로운 달을 상상하면서 함께 여행을 떠나기로 한다. 그리고 친구들은 인공지능 우주선을 타고 달에 도착한다. 친구들이 달을 둘러보고 있을 때, 인공지능 우주선이 지구로 복귀하고 친구들은 달에 남겨진다. 과연 친구들은 여행을 마치고, 집으로 돌아갈 수 있을까?

 ## 대화 속으로

테레사와 아인슈타인, 베토벤은 달로 떠나는 인공지능 우주선에 탄다. 친구들이 자리에 앉아 안전벨트를 매자, 우주선은 달을 향해 출발한다.

 테레사 이야, 달에 놀러 간다니! 정말 설레는걸!

맞아. 게다가 인공지능 우주선이 스스로 조종해서 달까지 데려다준다니, 새롭고 신기해! **아인슈타인**

 베토벤 달로 가는 길도 예뻐. 창밖의 우주에는 반짝이는 별들로 가득하다고!

우주선은 아름답고 감감한 우주를 날아 달에 착륙하고, 친구들도 달에 내릴 준비를 한다.

우주복은 다 입었고! 산소통만 매면 되겠다.
테레사

아인슈타인
나는 준비 끝났어. 빨리 나가 보자. 빨리!

아인슈타인이 정말 신났는데?
베토벤

아인슈타인
밖을 좀 봐. 진짜 달이야~.

친구들은 인공지능 우주선의 안내에 따라 차례차례 우주선에서 내린다.

우아, 달에 발을 디디다니!
테레사

베토벤
엇, 몸이 엄청 가벼운데?

그러게, 달은 *중력이 적어서 그런가 봐.
아인슈타인

친구들은 모두 감탄하면서 주변을 둘러본다. 가벼워진 몸 덕분에 친구들은 달 위를 나는 듯이 폴짝폴짝 뛰어다닌다. 이들이 달을 구경하고 있을 때, 친구들을 내려 준 우주선이 갑자기 지구를 향해 출발한다.

아인슈타인
으악? 저길 좀 봐. 우주선이 떠나는데?

꺅! 우리는 여기에 있는데, 우주선이 가버린다고?
테레사

* 중력 : 땅 근처의 물체를 아래 방향으로 당기는 힘, 달의 중력은 지구의 1/6 정도임.

이야기를 읽으면서 미션에 한발 더 다가가 보세요.

베토벤   안 돼! 우리는 어떻게 지구로 돌아가라고~.

아인슈타인과 베토벤은 떠나버린 우주선의 뒷모습을 보면서 주저앉는다. 테레사는 침착하게 다시 달을 돌아보다가 달 한쪽에서 또 다른 우주선을 발견한다.

앗, 저기를 좀 봐! 우주선이 있어.   아인슈타인

 테레사   우리가 타고 온 우주선이 아닌데, 저건 뭐지?

으, 잠깐만 우주선 안에서 외계인이 나오면 어떡해?   베토벤

친구들은 우주선을 향해 조심스럽게 다가간다.

 테레사   우주선 안에 아무도 없는 것 같아.

휴, 다행이다.   베토벤

 아인슈타인   그럼 버려진 우주선인가?

잘 모르겠어. 우주선의 불은 꺼져 있지만, 조종 화면은 켜져 있는데?   테레사

 아인슈타인   화면에 뭐가 있어?

테레사와 아인슈타인, 베토벤은 새로운 우주선에 신기해하며, 안으로 들어간다. 친구들이 모두 우주선 화면에 얼굴을 비추자, 갑자기 화면에서 마스터 송이 나타난다.

안녕하세요, 친구들. 무슨 일이 있나요? 마스터 송

 테레사
앗, 모든 걸 알고 계시는 마스터 송! 안녕하세요.

마스터 송, 저희가 타고 온 우주선이 저희를 두고 가버렸어요. 아인슈타인

 베토벤
그래서 저희는 지구로 돌아갈 우주선이 필요해요.

그렇군요. 이 우주선을 조종하고 싶다면, 미션을 해결해야 합니다. 마스터 송

 베토벤
미션이요?

네. 정서가 무엇인지 알아보는 미션입니다. 자신이 어떤 표정을 짓고, 어떤 감정을 느끼는지 알고 있는 친구가 잘할 거예요. 마스터 송

 아인슈타인
오! 이거 감성이 풍부한 테레사한테 딱 맞잖아? 우리 미션을 해결해서 이 우주선을 타고 돌아가자.

좋아! 나만 믿어. 테레사

 마스터 송
그럼 미션을 해결해 보세요. 저는 미션을 해결하면 만날 수 있습니다. 궁금하거나 어려운 일이 있으면 마스터 송을 부르세요.

이야기를 읽으면서 미션에 한발 더 다가가 보세요.

보기를 읽고, 아래 질문에 알맞은 대답을 써 보세요.

보기

> 가족과 함께 제주도에 놀러 가기로 했어요. 바다를 볼 생각에 들떠서 비행기에 빠르게 타고
> 안전벨트를 맸지요. 비행기는 출발하고, 창밖의 집들은 점점 작아졌어요. 설레는 마음으로
> 창밖을 구경하고 있는데, 고요하게 하늘을 날던 비행기가 갑자기 흔들렸어요. 천장의 전등
> 이 깜빡거리고 '삐삑 삐삑' 하는 경고음이 계속 울렸지요.

1. 보기의 상황에서 나는 어떤 감정을 느낄까요?

_____

_____

_____

2. 보기의 상황에서 나는 어떤 행동을 할까요?

_____

_____

_____

활동 02

테레사와 함께 나의 정서 지능을 알아보자

정서 지능은 자신과 다른 사람의 감정을 이해하며, 생각하고 행동하는 데 감정 정보를 이용할 줄 아는 능력이에요. 아래 정서 지능을 알아보는 여러 상황 속에서 나라면 어떤 행동을 할지 골라 보세요.

1. 어린 동생과 함께 놀이터에서 놀고 있었어요. 그런데 동생 또래의 한 아이가 울기 시작했어요. 그 이유는 다른 아이들이 그 아이와 같이 놀려고 하지 않았기 때문이었어요. 이 아이를 본 나는 어떤 행동을 할까요?

   ① 아이들의 상황에 간섭하지 않는다. 아이들끼리 해결해야 한다.

   ② 우는 아이의 관심을 다른 것으로 돌린다.

   ③ 어떻게 하면 다른 아이들과 함께 놀 수 있을지 우는 아이와 함께 고민한다.

2. 친구와 자전거를 타고 가는데, 어떤 자동차가 친구를 향해 위험하게 달려왔어요. 친구는 차를 피했지만, 놀라서 화를 냈어요. 계속 화를 내는 친구를 달래기 위해 나는 어떤 행동을 할까요?

   ① 친구에게 사고가 난 것도 아니니 잊어버리라고 한다.

   ② 친구에게 관심을 두지 않고, 혼자 내버려 둔다.

   ③ 비슷한 경험을 이야기하며, 그때 알고 보니 매우 급한 일이 있는 차였다고 말해 준다.

3. 좋은 성적을 기대했던 과목의 평가에서 좋지 못한 성적을 받았어요. 성적을 확인한 나는 어떤 행동을 할까요?

   ① 이 과목은 중요하지 않으니, 성적이 잘 나온 과목에만 집중한다.

   ② 지금 나온 성적이 나의 최선이라고 생각하고, 이 성적에 만족한다.

   ③ 이 과목의 학습 계획을 세우고, 계획을 지키려고 노력한다.

나의 감성 미션 달성도

테레사와 함께 마시멜로 실험에 관해 알아보자

심리학자 미셀의 마시멜로 실험을 읽고, 나라면 어떤 선택을 할지 골라 보세요.

1960년대 후반 미국 스탠퍼드 대학교의 심리학자 월터 미셀은 유치원생 아이들에게 보상과 관련된 실험을 했습니다. 미셀은 3~5세 아이들에게 마시멜로를 나누어 주었어요. 그리고 아이들에게 먹고 싶으면 지금 먹어도 되지만, 자기가 잠깐 나갔다 오는 동안 기다리면 마시멜로를 하나 더 준다고 말했습니다. 미셀은 15분간 자리를 비웠고, 다시 돌아와 보니 아이들의 반응은 제각각이었습니다. 15분을 참고 기다린 아이도 있었고, 반대로 달콤한 유혹을 이기지 못해서 마시멜로를 먹은 아이도 있었습니다.

바로 마시멜로를 먹는다.	기다려서 마시멜로 2개를 받는다.

위의 선택을 한 이유는 무엇인지 나의 감정과 연결해서 써 보세요.

_____

_____

_____

_____

_____

_____

다양한 표정을 짓는 테레사처럼 나의 표정을 살펴보자

거울을 보고 아래 표정을 순서대로 따라 해 보세요. 그리고 내가 자주 짓는 표정을 골라 보세요.

기쁘다	슬프다	놀라다

화나다	설레다	짜증 나다

나는 어떤 상황에서 위의 표정을 짓는지 이야기해 보세요.

나의 감성 미션 달성도

앞에서 고른 자주 짓는 표정은 내가 좋아하는 표정인가요? 거울을 보면서 내가 좋아하는 표정을 지어 보고, 그 표정을 그려 보세요.

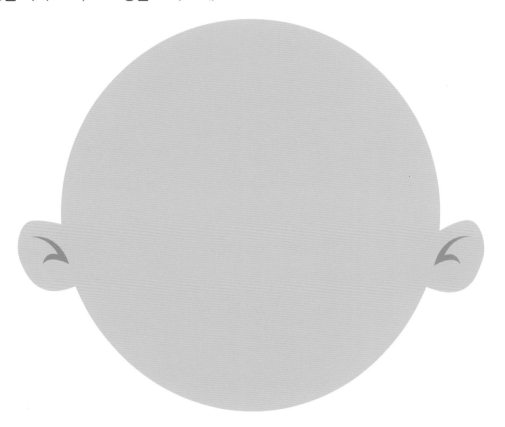

위에 그린 표정에 어울리는 나만의 별칭을 만들고, 그 이유를 써 보세요.

나만의 별칭	
이유	

미션 평가 미션을 잘 해결했는지 평가해 보자

첫 번째 미션을 잘 해결했는지 스스로 평가해 보세요.

평가 문항	매우 아니다	아니다	그저 그렇다	그렇다	매우 그렇다
1. 이야기 속 감정을 설명할 수 있나요?					
2. 나의 정서 지능이 어느 정도인지 말할 수 있나요?					
3. 내가 바라는 표정을 그릴 수 있나요?					
4. 첫 번째 미션에 흥미를 가지고 참여했나요?					
5. 첫 번째 미션에 최선을 다하여 참여했나요?					

미션 완성 미션을 확인해 보자

활동을 모두 해결하면 감성 열쇠 5개를 모을 수 있어요. 열쇠를 모두 획득하면, 첫 번째 미션 칸에 미션 완성 도장을 찍어요. 열쇠를 모두 획득하지 못했으면, 그 활동으로 돌아가서 다시 학습해요.

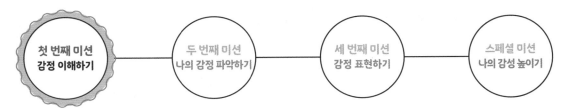

첫 번째 미션
감정 이해하기 · 두 번째 미션
나의 감정 파악하기 · 세 번째 미션
감정 표현하기 · 스페셜 미션
나의 감성 높이기

친구들과 함께했더니 감정을 알아보는 미션을 쉽게 해결했어요!

테레사

첫 번째 미션을 아주 잘 완료했군요. 공감이 뛰어난 테레사의 활약이 대단했어요.

마스터 송

나의 감성 미션 달성!

두 번째 미션   나의 감정 파악하기

마스터 송

알베르트 아인슈타인은 상대성 이론의 발견으로 기쁨과 슬픔을 동시에 느꼈어요. 아인슈타인과 함께 자주 쓰는 감정 단어와 기억에 남는 일을 떠올리며 미션을 해결해 보세요.

오늘의
활동 키워드

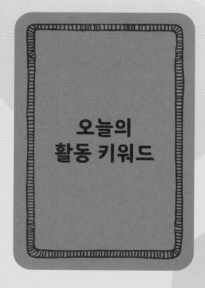

활동 01

우리의 감정

활동 02

자주 쓰는 감정 단어

학습 목표

1. 내가 자주 쓰는 감정 단어를 말할 수 있다.
2. 나의 인생 그래프를 그릴 수 있다.

활동 03

나만의 감정 단어

활동 04

기억에 남는 일

활동 05

인생 그래프

이야기

테레사와 아인슈타인, 베토벤은 인공지능 우주선을 타고 달에 도착한다. 친구들은 우주선이 떠나버리자 당황하며 달을 둘러보다가, 멈춰 있는 우주선을 발견한다. 친구들은 우주선의 조종 화면 속 마스터 송과 이야기를 나눈다. 우주선을 이용하기 위해 미션을 해결하기로 한 친구들은 감정을 이해하는 첫 번째 미션을 잘 해결한다. 그러자 우주선에 불이 켜지고, 화면에 다시 마스터 송이 나타난다. 친구들은 무사히 새로운 우주선을 타고 집으로 돌아갈 수 있을까? 그리고 친구들이 풀어야 할 다음 미션은 무엇일까?

 ### 대화 속으로

 아인슈타인
이야, 이번 미션 재밌다!

맞아, 여러 상황에서 나라면 어떤 감정을 느낄지 생각하다 보니 벌써 미션이 끝났어. **테레사**

베토벤
나는 특히 거울로 내가 자주 짓는 표정을 계속 살펴보는 게 정말 재미있었어!

친구들이 우주선에서 미션에 관해 이야기하고 있을 때, '번쩍' 하는 소리와 함께 우주선 전체에 불이 켜진다.

우아, 우주선이 환해졌어!
아인슈타인

베토벤
우리가 미션을 해결해서 그런가 봐.

그럼 이제 새로운 우주선을 타고 집으로 돌아갈 수 있는 걸까?

테레사

친구들이 우주선의 출발 버튼을 누르고 방향을 조종할 수 있는 조종간을 움직여 보지만, 여전히 아무것도 작동되지 않는다.

베토벤
그런데 불이 켜진 것 말고, 우주선은 아무것도 작동되지 않아.

그러게. 이러면 집으로 돌아갈 수 없잖아.

아인슈타인

베토벤
흑흑, 우리 이제 어떡하지? 이 우주선을 타고 집으로 돌아갈 수 있을 줄 알았는데….

울지마, 베토벤. 우리 마스터 송을 불러 보자. 아까 궁금하거나 어려운 일이 있으면 부르라고 하셨잖아.

테레사

아인슈타인
맞아! 마스터 송은 어떻게 하면 이 우주선을 움직일 수 있는지 알고 계실 거야.

좋아.

베토벤

모두
마스터 송!

친구들이 마스터 송을 큰 소리로 부르자, 화면에 마스터 송이 다시 나타난다.

　　　이야기를 읽으면서 미션에 한발 더 다가가 보세요.

친구들이 미션을 잘 해결해서 우주선에 불이 켜졌군요!
마스터 송

테레사
네, 하지만 여전히 아무것도 움직일 수 없어요.

마스터 송, 저희 정말 이 우주선을 이용할 수 있어요?
아인슈타인

마스터 송
네, 이용할 수 있습니다. 하지만 아직 미션이 남아 있습니다.

미션이 남았다고요?

베토벤

마스터 송
네. 첫 번째 미션에 성공해 우주선에 불이 켜졌으니, 남은 미션을 모두 해결하면 친구들은 우주선을 타고 집으로 돌아갈 수 있습니다.

우아, 정말요?
베토벤

아인슈타인
다행이에요!

미션을 해결할 때마다 우주선이 조금씩 작동하도록 우주선에 미션이 걸려 있는 거군요.
테레사

마스터 송
맞아요. 테레사가 아주 똑똑하군요!

그럼 우리 미션을 모두 끝내서, 이 우주선을 타고 집에 가면 되겠어.
아인슈타인

베토벤
응.

그래, 우리 미션을 열심히 해결해 보자!
테레사

아인슈타인 마스터 송, 다음 미션은 뭔가요?

두 번째 미션은 나의 감정을 알아보는 활동입니다. 내가 자주 쓰는 감
정 단어를 알아보고, 인생 그래프를 그릴 거예요. 마스터 송

아인슈타인 이건 내가 잘할 수 있어! 난 나를 아주 잘 안다고.

오~, 좋아!
테레사

베토벤 그래, 우리 같이 힘내 보는 거야.

미션을 잘 해결해 보세요. 저는 미션을 해결하면 만날 수 있습니다. 궁
금하거나 어려운 일이 있으면 마스터 송을 큰 소리로 부르세요. 마스터 송

이야기를 읽으면서 미션에 한발 더 다가가 보세요.

아인슈타인과 함께 감정이 사라졌다고 상상해 보자

아래의 글을 읽고, 나에게 감정이 사라진다면 어떨지 써 보세요.

> 아침에 눈을 떴을 때 아무 느낌이 없었어요. 엄마가 서두르지 않으면 학교에 늦는다고 재촉하셔도 다급해지지 않았지요. 학교에 가서 친구들을 만났지만, 함께 이야기하는 것이 더는 즐겁지 않았고 친구들의 표정을 봐도 무슨 감정인지 알 수 없었어요. 집으로 돌아와서 예능 프로그램을 잠깐 봤는데, 예전에는 웃으면서 보던 프로그램에 지금은 아무런 감정이 들지 않았지요. 온종일 사람들이 왜 웃는지, 왜 화를 내는지 이해가 되지 않았어요. 내가 뭔가 중요한 걸 잃어버린 것 같은데, 그게 무엇인지 알 수 없었지요. 그런데 자기 전에 세수하고 거울을 보니, 내 얼굴은 만화에서 본 로봇처럼 표정이 전혀 없었어요.

_____

_____

위의 상황과 반대로 나는 감정이 있지만, 나를 제외한 반 친구들이 모두 감정을 잃었다고 상상해 보세요. 그리고 아래 질문에 답을 써 보세요.

1. 친구들과 대화할 때, 나는 어떤 감정이 들까요?

   _____

2. 수업을 듣는 우리 반의 분위기는 어떨까요?

   _____

3. 친구들에게 나의 고민이나 어려운 점을 말하면, 친구들은 나에게 어떤 말을 할까요?

   _____

활동 02

아인슈타인과 함께 자주 쓰는 감정 단어를 골라 보자

감정 나무에는 여러 가지 감정을 나타내는 단어들이 나뭇잎으로 매달려 있어요. 나뭇잎 중에서 내가 자주 쓰는 단어는 빨간색으로 색칠하고, 자주 쓰지 않는 단어는 초록색으로 색칠해 보세요.

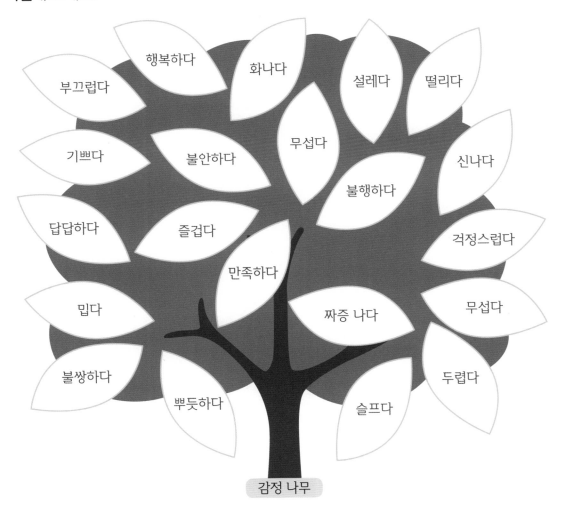

감정 나무

감정 나무에서 내가 자주 쓰는 단어는 빨간색으로 색칠했어요. 빨간색으로 색칠한 단어들을 보니, 어떤 느낌이 드는지 이야기해 보세요.

나의 감성 미션 달성도

앞의 감정 나무에 있는 단어들을 다시 읽어 보고, 내가 '앞으로 쓰고 싶은 단어'와 '버리고 싶은 단어'를 나누어 써 보세요.

앞으로 쓰고 싶은 단어	버리고 싶은 단어

감정을 나타내는 단어는 수없이 많아요. 위에 쓴 단어 외에 앞으로 쓰고 싶은 감정 단어에는 무엇이 있는지 써 보세요.

_____

_____

_____

_____

_____

활동 04

아인슈타인과 함께 기억에 남는 일을 떠올려 보자

기억에 남는 일에는 나를 행복하게 했던 일도 있고, 힘들게 했던 일도 있어요. 기억에 남는 일은 무엇이 있었는지 빈칸에 써 보세요.

예)

나이	기억에 남는 일	나의 감정
8세 (초등학교 1학년)	초등학교에 처음 입학해서 새로운 친구들을 만났다.	설렘, 기쁨

나이	기억에 남는 일	나의 감정

나의 감성 미션 달성도

앞에서 쓴 기억에 남는 일에서 내가 느꼈던 행복 지수는 각각 얼마였는지 100점 만점을 기준으로 이야기해 보세요. 그리고 이를 바탕으로 나의 인생 그래프를 그려 보세요.

예)

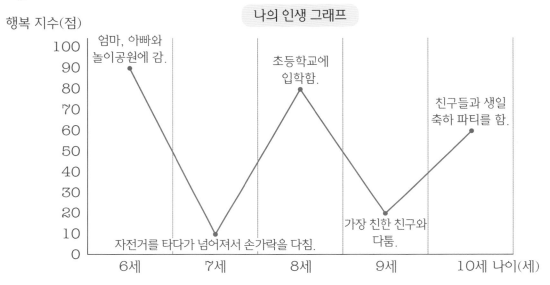

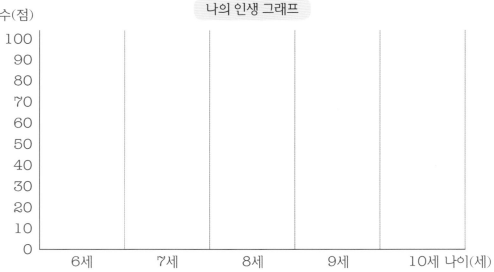

미션 평가 미션을 잘 해결했는지 평가해 보자

두 번째 미션을 잘 해결했는지 스스로 평가해 보세요.

평가 문항	매우 아니다	아니다	그저 그렇다	그렇다	매우 그렇다
1. 감정이 얼마나 중요한지 설명할 수 있나요?					
2. 자주 쓰는 감정 단어를 말할 수 있나요?					
3. 나의 인생 그래프를 그릴 수 있나요?					
4. 두 번째 미션에 흥미를 가지고 참여했나요?					
5. 두 번째 미션에 최선을 다하여 참여했나요?					

미션 완성 미션을 확인해 보자

활동을 모두 해결하면 감성 열쇠 5개를 모을 수 있어요. 열쇠를 모두 획득하면, 두 번째 미션 칸에 미션 완성 도장을 찍어요. 열쇠를 모두 획득하지 못했으면, 그 활동으로 돌아가서 다시 학습해요.

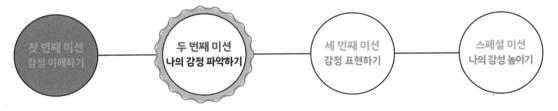

첫 번째 미션 감정 이해하기 — 두 번째 미션 나의 감정 파악하기 — 세 번째 미션 감정 표현하기 — 스페셜 미션 나의 감성 높이기

미션을 풀다 보니, 내가 자주 쓰는 단어를 알고 기억에 남는 일도 생각해 볼 수 있었어요.

아인슈타인

두 번째 미션을 아주 잘 완료했군요. 자신을 스스로 돌아볼 줄 아는 아인슈타인 덕분에 미션을 해결할 수 있었습니다.

마스터 송

나의 감성 미션 달성!

세 번째 미션 감정 표현하기

마스터 송

루트비히 판 베토벤은 자신의 감정을 작곡과 피아노 연주로 표현했어요. 베토벤과 함께 감정을 표현하는 미션을 해결해 보세요.

**오늘의
활동 키워드**

언어 표현

활동 01

활동 02

표정

학습 목표

1. 나의 감정을 설명할 수 있다.
2. 나의 감정을 다양한 방법으로 표현할 수 있다.

이야기

인공지능 우주선을 타고 달에 도착한 친구들은 달을 구경하는 도중에 우주선이 떠나는 상황을 마주한다. 그리고 달에 멈춰 있는 또 다른 우주선으로 집에 돌아가기 위해 미션을 해결해 나간다. 감정을 이해하는 첫 번째 미션을 해결하자 우주선에 불이 켜지는 것을 보고, 친구들은 미션을 해결할수록 우주선이 조금씩 작동되는 것을 알게 된다. 나의 감정을 파악하는 두 번째 미션도 성공한 친구들은 우주선을 하나씩 움직여 보다가 화면이 움직이는 것을 발견한다. 과연 친구들은 나머지 미션도 해결해서 우주선을 이용할 수 있을까? 친구들이 풀어야 할 다음 미션은 무엇일까?

  대화 속으로

 아인슈타인
내 인생 그래프 좀 봐. 멋지지 않니? 점점 올라가고 있어.

하하, 역시 아인슈타인이야! 테레사

 베토벤
미션을 해결하다 보니, 내가 부정적인 감정 단어를 많이 쓰는 걸 알게 되었어.

나도 마찬가지야. 우리 앞으로 좋은 말만 쓰자!   테레사

베토벤
응!

두 번째 미션도 잘 해결했는데, 우주선이 움직이는지 확인해 볼까? 아인슈타인

테레사

그래!

친구들은 우주선 안을 살펴보며, 작동되는 부분을 찾는다.

음, 아직 방향을 바꾸는 조종간은 움직이지 않아.
아인슈타인

베토벤

우주선의 출발 버튼도 안 눌러지는걸.

엇! 화면이 움직이는데?
테레사

친구들이 테레사가 있는 쪽으로 가까이 온다.

아인슈타인

화면?

응, 마스터 송과 미션이 나타나는 이 화면 말이야. 손으로 만지면, 화면이 넘어가! 달에서 지구로 가는 길도 볼 수 있어.
테레사

베토벤

우아! 우주선이 조금씩 작동하기 시작하는구나!

응! 하지만 아직 안 움직이는 게 많아. 아무래도 마스터 송께 미션을 몇 개나 더 풀어야 하는지 여쭤봐야겠어.
테레사

아인슈타인

마스터 송!!!

아인슈타인이 화면을 보며 마스터 송을 부르자 마스터 송이 화면에 나타난다.

이야기를 읽으면서 미션에 한발 더 다가가 보세요.

친구들, 벌써 두 번째 미션을 해결했군요!
마스터 송

 네!
모두

아주 훌륭합니다. 이제 화면을 자유롭게 움직일 수 있겠어요.
마스터 송

 맞아요. 마스터 송께서는 미션이 몇 개인지 알고 계신 거죠?
테레사

물론이죠.
마스터 송

 미션을 얼마나 더 해결해야 저희가 집으로 돌아갈 수 있을까요?
아인슈타인

미션은 총 4개입니다. 일반 미션 3개와 스페셜 미션 1개가 있어요.
마스터 송

 그럼 그중에 벌써 2개를 해결한 거예요?
베토벤

맞아요. 이제 일반 미션 1개와 스페셜 미션 1개만 해결하면 우주선을 이용할 수 있습니다.
마스터 송

 우아! 금방 집으로 돌아갈 수 있겠어요.
테레사

그럼 남은 2개의 미션을 해결하면 방향을 바꾸는 조종간도 움직이는 거예요?
아인슈타인

 네. 세 번째 미션을 해결하면 우주선을 출발시킬 수 있고, 스페셜 미션을 해결하면 조종간이 움직입니다.
마스터 송

이야기를 읽으면서 미션에 한발 더 다가가 보세요.

야호! 그러면 우주선을 타고 어디든 갈 수 있겠네요.
베토벤

테레사
다행이에요! 그런데 스페셜 미션이 뭔가요?

스페셜 미션은 일반 미션 3개를 모두 끝낸 친구들에게만 알려 주는 비밀 미션이에요. 다음 미션을 무사히 마치면 알려 줄게요.
마스터 송

테레사
네! 그럼 다음 미션을 설명해 주세요.

다음 미션은 감정을 다양한 방법으로 표현하는 활동이에요.
마스터 송

아인슈타인
감정 표현이요?

오~, 이거 언어와 표정, 몸짓 등으로 감정을 다양하게 나타내는 베토벤이 잘하겠는데?
테레사

베토벤
오예!

그럼 우리 이번에도 협동해서 미션을 해결해 보자!
아인슈타인

테레사
좋아!

그럼 미션을 잘 해결해 보세요. 저는 미션을 해결하면 만날 수 있습니다. 궁금하거나 어려운 일이 있으면 마스터 송을 부르세요.
마스터 송

이야기를 읽으면서 미션에 한발 더 다가가 보세요.

베토벤과 함께 나의 감정을 언어로 표현하자

감정은 눈에 보이지 않지만, 다양한 방법으로 표현할 수 있어요. 나는 어떤 상황에서 기쁨을 느끼는지 빈칸에 써 보세요.

예) 나는 <u>맛있는 음식을 먹을</u> 때 기쁩니다.

나는 _____ 때 기쁩니다.

나는 _____ 때 기쁩니다.

나는 _____ 때 기쁩니다.

위와 반대로 나는 어떤 상황에서 슬픈지 생각해 보고, 빈칸에 써 보세요.

예) 나는 <u>반려동물이 아플</u> 때 슬픕니다.

나는 _____ 때 슬픕니다.

나는 _____ 때 슬픕니다.

나는 _____ 때 슬픕니다.

활동 02

베토벤의 웃는 표정을 보고, 나의 표정을 떠올려 보자

아래 상황에서 나는 어떤 표정을 짓는지 생각해 보고, 얼굴 안에 그 표정을 그려 보세요.

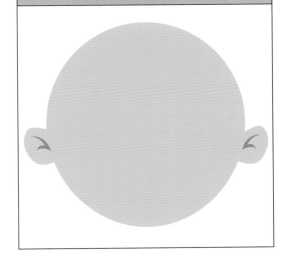

엄마, 아빠와 함께 놀이공원에 놀러 가서 재미있는 놀이 기구를 타고, 귀여운 동물들을 봤다.

놀이 기구 앞에 줄을 서서 기다리는데, 어떤 사람이 내 앞으로 새치기를 했다.

보기 의 감정 단어 중 하나를 골라, 부록에 있는 가면에 표정을 그려 보세요.

보기

기쁘다, 슬프다, 즐겁다, 우울하다, 짜증 나다, 화나다, 설레다, 신나다

나의 감성 미션 달성도

나는 '기쁠 때, 슬플 때, 화날 때, 설렐 때' 각각 어떤 눈을 하는지 그려 보세요. 그리고 친구가 이런 눈으로 나를 바라본다면, 나는 어떤 느낌이 들지 써 보세요.

기쁠 때	슬플 때
 느낌 :	 느낌 :
화날 때	설렐 때
 느낌 :	 느낌 :

베토벤과 함께 나의 감정을 몸짓으로 표현하자

나는 설레거나 실망하면, 어떤 행동을 하는지 떠올려 보세요. 아래에 그 행동을 그리고,
어떤 행동인지 써 보세요.

1. 설렐 때

_____

_____

_____

_____

_____

_____

2. 실망할 때

_____

_____

_____

_____

_____

_____

나는 아래 상황에서 어떤 말을 하는지 써 보고, 그 말을 스마트폰이나 컴퓨터로 녹음해 보세요. 그리고 녹음을 들으면서 내 말의 억양과 속도를 골라 보세요.

1. 친구가 나의 발을 밟고 지나갈 때

_____

_____

억양 (음의 높이 변화)	낮음	중간	높음

속도 (말의 빠르기)	느림	중간	빠름

2. 다른 학교로 전학을 가서 작별 인사할 때

_____

_____

억양 (음의 높이 변화)	낮음	중간	높음

속도 (말의 빠르기)	느림	중간	빠름

미션 평가 미션을 잘 해결했는지 평가해 보자

세 번째 미션을 잘 해결했는지 스스로 평가해 보세요.

평가 문항	매우 아니다	아니다	그저 그렇다	그렇다	매우 그렇다
1. 나의 감정을 언어로 설명할 수 있나요?					
2. 감정을 표정과 행동으로 표현할 수 있나요?					
3. 내가 말할 때의 억양과 속도를 설명할 수 있나요?					
4. 세 번째 미션에 흥미를 가지고 참여했나요?					
5. 세 번째 미션에 최선을 다하여 참여했나요?					

미션 완성 미션을 확인해 보자

활동을 모두 해결하면 감성 열쇠 5개를 모을 수 있어요. 열쇠를 모두 획득하면, 세 번째 미션 칸에 미션 완성 도장을 찍어요. 열쇠를 모두 획득하지 못했으면, 그 활동으로 돌아가서 다시 학습해요.

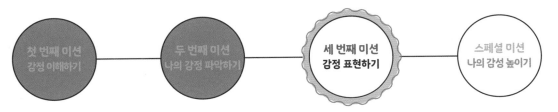

 베토벤 감정을 다양하게 상상하고 표현하는 일은 정말 즐거워요!

베토벤만의 감성을 마음껏 펼치는 모습이 인상적이었어요. 베토벤의 정서 지능이 쑥쑥 성장한 것 같습니다. 마스터 송

스페셜 미션 | 나의 감성 높이기

마스터 송

3가지 미션을 모두 해결하다니 대단해요. 앞의 미션을 해결한 친구에게 주는 마지막 스페셜 미션은 위인을 알아보고, 나를 탐구하는 것이에요. 마더 테레사의 감성을 떠올리며 나의 자생력을 완성해 보세요.

탐구 활동

테레사를 인터뷰해 보자

감성 활동

테레사에게 공감하며 위인 카드를 만들어 보자

창의 활동

'만약 내가 테레사라면?' 상상해 보자

학습 목표
1. 테레사의 삶에 감성이 어떤 영향을 주었는지 설명할 수 있다.
2. 내가 느낀 감정을 이야기할 수 있다.

주도성 활동

감정 경험을 육하원칙에 따라 써 보자

향상 활동

내가 느낀 감정을 떠올려 보자

이야기

테레사와 아인슈타인, 베토벤은 인공지능 우주선을 타고 달로 여행을 떠난다. 친구들은 지구로 돌아가 버린 우주선 대신, 멈춰 있는 다른 우주선을 이용하기로 한다. 우주선을 작동시키려면 여러 미션을 해결해야 하고, 친구들이 감정을 다양한 방법으로 표현하는 세 번째 미션까지 마치자 우주선이 출발할 수 있게 된다. 하지만 아직 우주선의 방향을 바꾸는 조종간이 움직이지 않아서, 친구들은 조종간을 움직이기 위해 스페셜 미션에 도전한다. 과연 친구들이 풀어야 할 스페셜 미션은 무엇일까?

 대화 속으로

베토벤

우리 미션을 빠르고 정확하게 해결했어!

베토벤이 감정을 정말 잘 표현하더라~.
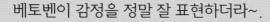
아인슈타인

테레사

맞아, 맞아!

어? 저기! 출발 버튼에 불이 들어왔어.

아인슈타인

테레사

우아, 세 번째 미션을 해결해서 이제 출발 버튼이 작동하나 봐.

그럼 출발!

베토벤

베토벤이 출발 버튼을 누르자, 우주선이 끼익 소리를 내더니 앞으로 출발한다.

 베토벤

으악!

잠깐만, 아직 조종간이 움직이지 않아서 조종을 할 수 없잖아. 테레사

 아인슈타인

옆에 정지, 정지 버튼을 눌러!

친구들이 동시에 정지 버튼을 누르고, 앞으로 조금씩 움직이던 우주선은 그 자리에 멈춘다.

 베토벤

흐유, 미안해. 이렇게 바로 움직일 줄 몰랐어.

괜찮아. 빨리 다음 미션을 해결해서 조종간이 움직이게 하자! 테레사

 베토벤

그런데 너희 우주선을 조종할 줄 알아?

친구들은 모두 고개를 젓는다. 아무도 우주선을 조종하지 못한다는 사실에 서로 당황한다.

우주선 조종은 마스터 송께 여쭤보자. 우리가 해결해야 할 스페셜 미션도 확인하고! 아인슈타인

 테레사

좋아!

이야기를 읽으면서 미션에 한발 더 다가가 보세요.

마스터 송~, 나와 주세요!
베토벤

베토벤이 화면을 보면서 마스터 송을 부르자, 마스터 송이 화면에 나타난다.

마스터 송
친구들, 세 번째 미션도 아주 잘 해결했군요. 이제 출발 버튼을 누를 수 있게 되었어요.

맞아요. 그래서 출발 버튼을 눌렀다가 바로 출발해서 다른 행성에 부딪힐 뻔했어요.
아인슈타인

마스터 송
앗! 방향을 바꾸는 조종간이 움직이지 않으니, 아직 출발하면 안 돼요.

그런데 문제가 있어요. 저희 중에는 우주선을 조종할 수 있는 사람이 없는데, 어떻게 집으로 돌아갈 수 있을까요?
테레사

아인슈타인
맞아요. 저희는 달에 올 때도 인공지능 우주선을 타고 왔는걸요.

걱정하지 마세요. 이 우주선에도 여러분이 타고 온 우주선처럼 자동으로 조종하는 기능이 있어요.
마스터 송

베토벤
우아! 진짜요?

네, 조종간 아래에 자동 조종 버튼이 있습니다. 하지만 이 버튼은 스페셜 미션을 해결해서 조종간을 움직일 수 있어야 작동합니다.
마스터 송

아인슈타인
아하! 빨리 스페셜 미션을 해결해야겠어요.

마스터 송, 스페셜 미션이 무엇인지 알려 주세요.
테레사

이야기를 읽으면서 미션에 한발 더 다가가 보세요.

마스터 송
스페셜 미션은 위인 1명을 골라서 위인의 삶을 탐구하고 상상해 보는 일입니다. 그리고 그 위인은 여러분 중에 있습니다.

저희 중에요? 테레사

 마스터 송
네. 친구들은 모두 커서 꿈을 이루고 뛰어난 업적을 세워 훌륭한 위인이 되지요.

우아…. 모두

 마스터 송
자, 화면을 보세요. 이 화면 안에 나타나는 사람이 오늘 알아볼 위인이에요.

화면이 갑자기 깜깜하게 꺼졌다가 다시 켜지면서 테레사의 얼굴을 비춘다.

우리가 알아볼 위인은 바로 테레사입니다! 마스터 송

 테레사
우아, 저요?

사람들을 사랑하고 모두에게 공감하는 테레사라면, 위인이 될만하지! 아인슈타인

 마스터 송
화면으로 테레사를 만나고 나의 감성을 높이는 다양한 활동을 해 볼 수 있습니다. 테레사의 삶을 알아보고 공감해 볼까요?

네! 모두

 마스터 송
좋아요. 미션을 잘 해결해 보세요. 저는 미션을 해결하면 만날 수 있습니다. 궁금하거나 어려운 일이 있으면 마스터 송을 큰 소리로 부르세요.

이야기를 읽으면서 미션에 한발 더 다가가 보세요.

테레사를 인터뷰하고 있어요. 인터뷰를 읽고, 빈칸에 들어갈 대답을 이야기해 보세요.

안녕하세요, 테레사 선생님. 선생님께서는 '사랑의 선교 수녀회'를 설립해 사람들을 돌보셨는데요. 이는 어떤 일을 하는 단체였나요?

사랑의 선교 수녀회는 인도의 가장 낮은 계급이 사는 빈민가의 아이들에게 위생과 글을 가르쳤습니다. 많은 이들의 도움을 받아 빈민가를 돌며 봉사하고, 죽어 가는 사람들을 돌볼 수 있었지요. 이후 분원이 생겨 다른 지역에서도 봉사 활동이 활발하게 이어졌습니다.

그렇군요. 선생님께서는 수녀회뿐만 아니라, 인종과 신분을 초월해 봉사하셔서 노벨 평화상까지 수상하셨는데요. 선생님께서는 어떻게 다른 사람을 위해 계속 봉사하실 수 있었나요?

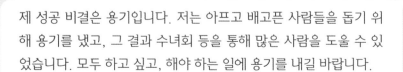

정말 대단하세요! 인터뷰 정말 감사드립니다. 마지막으로 선생님의 성공 비결은 무엇이었는지 한마디 해 주십시오.

제 성공 비결은 용기입니다. 저는 아프고 배고픈 사람들을 돕기 위해 용기를 냈고, 그 결과 수녀회 등을 통해 많은 사람을 도울 수 있었습니다. 모두 하고 싶고, 해야 하는 일에 용기를 내길 바랍니다.

감성 활동 테레사에게 공감하며 위인 카드를 만들어 보자

《who? 세계 인물 마더 테레사》에서 공감되는 문장을 찾아보고, 아래 빈칸에 그 문장을 써서 위인 카드를 완성해 보세요.

위의 문장을 고른 이유는 무엇인지 써 보세요.

나의 감성 미션 달성률(%) | 20% | 40% | 60% | 80% | 100%

창의 활동 '만약 내가 테레사라면?' 상상해 보자

사람들을 사랑으로 돌봤던 테레사도 빈민가의 사람들을 도우며 힘들 때가 있었어요. 아래 상황에서 내가 테레사라면 마음이 어땠을지 써 보세요.

테레사는 의사나 간호사들마저 꺼리는 인도의 빈민가로 갔어요. 그곳에서 아이들을 씻기고, 학교를 세워서 아이들에게 글을 가르쳤지요. 하지만 테레사는 시간이 흐를수록 도움을 필요로 하며 죽어 가는 사람들이 비참하고 안타까웠어요. 테레사는 이들을 모두 구할 수 없다는 생각에 집으로 돌아가려고 했지요. 그럼에도 불구하고 강인한 테레사는 이만한 일로 포기하지 않겠다고 스스로 마음을 다잡았어요.

아래와 같은 상황에서 테레사가 어머니를 만나는 것을 선택했다면, 어떤 일이 일어났을지 써 보세요.

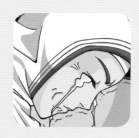

테레사는 고향을 떠나 온 이후, 40여 년 동안 가족을 보지 못하고 인도에서 계속 봉사했어요. 그러던 어느 날, 어머니가 위독하다는 편지를 받았지요. 테레사는 적십자사의 도움으로 고향에 도착했지만, 당시 독재 정치를 펴던 알바니아 정부는 세계적으로 알려진 테레사를 반기지 않았어요. 그래서 테레사에게 어머니를 만난다면, 이곳에서 다시는 나갈 수 없다고 했지요. 결국 테레사는 어머니를 만나지 못하고 인도로 돌아갔어요. 그리고 테레사의 어머니는 돌아가셨지요.

주도성 활동 감정 경험을 육하원칙에 따라 써 보자

테레사는 다른 사람을 긍정적으로 생각하고, 쉽게 화내지 않았어요. 지난 일주일 동안 화가 났던 경험을 떠올려 보고, 그 경험을 육하원칙에 따라 써 보세요.

육하원칙	화가 났던 경험
누가	
언제	
어디에서	
무엇을	
어떻게	
왜	

위처럼 화가 나는 상황에서 나는 어떻게 대처했는지 써 보세요.

나의 감성 미션 달성률(%) | 20% | 40% | 60% | 80% | 100%

내가 느낀 감정을 떠올려 보자

내가 지난 일주일 동안 경험한 사건 중 하나를 골라 육하원칙에 따라 써 보세요.

육하원칙	나의 경험
누가	
언제	
어디에서	
무엇을	
어떻게	
왜	

위의 경험에서 내가 느꼈던 여러 가지 감정을 쓰고, 그중 부정적인 감정을 긍정적으로 바꿀 방법을 상상해서 써 보세요.

_____

_____

_____

_____

미션 평가 미션을 잘 해결했는지 평가해 보자

스페셜 미션을 잘 해결했는지 스스로 평가해 보세요.

평가 문항	매우 아니다	아니다	그저 그렇다	그렇다	매우 그렇다
1. 테레사의 감성에 관해 설명할 수 있나요?					
2. 나의 경험을 육하원칙에 따라 쓸 수 있나요?					
3. 내가 경험한 감정을 설명할 수 있나요?					
4. 스페셜 미션에 흥미를 가지고 참여했나요?					
5. 스페셜 미션에 최선을 다하여 참여했나요?					

미션 완성 미션을 확인해 보자

활동을 모두 해결하면 스페셜 미션 칸에 미션 완성 도장을 찍어요! 활동을 모두 해결하지 못했으면, 그 활동으로 돌아가서 다시 학습해요.

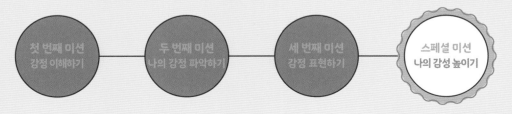

첫 번째 미션
감정 이해하기

두 번째 미션
나의 감정 파악하기

세 번째 미션
감정 표현하기

스페셜 미션
나의 감성 높이기

친구들은 위인을 탐구하고 자신의 자생력을 생각해 보는 스페셜 미션까지 해결한다. 미션이 모두 끝나자, 덜컥 소리가 나고 조종간이 자유롭게 돌아간다. 친구들이 출발 버튼과 자동 조종 버튼을 누르자, 우주선이 움직이고 친구들은 무사히 집으로 돌아온다. 흥미로운 위인 세계에는 앞으로 또 어떤 일이 일어날까?

나의 감성 미션 달성!

47쪽 보기 의 감정 단어 중 하나를 골라 아래 가면에 표정을 그려 보세요. 그리고 가면을 오려서 나무젓가락에 붙이고, 내 얼굴을 가면으로 가려 보세요.

47쪽 보기 의 감정 단어 중 하나를 골라 아래 가면에 표정을 그려 보세요. 그리고 가면을
오려서 나무젓가락에 붙이고, 내 얼굴을 가면으로 가려 보세요.

※ E-CLIP 미션의 문제에는 여러 가지 답이 나올 수 있습니다. 본 미션 가이드는 참고용으로 활용하시길 바랍니다.

※ 교사용 개념과 지도 가이드가 포함된 교사용 PDF는 다산전인교육캠퍼스 홈페이지(www.dasaneducation.co.kr)에서 교사 인증 후 신청하실 수 있습니다.

1차시

22쪽
- (예시) 걱정스럽다, 무섭다, 두렵다
- (예시) 무서워서 엄마 손을 꼭 잡고 두 눈을 꽉 감을 것이다.

23쪽
- (예시) ③, ③, ③
(길잡이) 정서 지능을 알아보는 활동으로 각 문항에서 ③을 골랐다면, 자신과 다른 사람을 잘 이해해서 정서 지능이 높은 사람이에요.

24쪽
- (예시) 기다려서 마시멜로 2개를 받는다.
- (예시) 바로 마시멜로를 먹는 것보다 참고 기다려서 받았을 때 느끼는 만족과 성취감이 더 클 것이기 때문이다.

25쪽
- (예시) 짜증 나다
- (예시) 나는 밥을 안 먹고 게임하고 싶은데, 엄마께서 밥 좀 먹으라고 화내실 때 이런 표정을 짓는다.

26쪽
- (예시) 함박 웃음을 짓는 표정을 그린 그림
- (예시) 나만의 별칭 : 반달
이유 : 자주 웃어서 '반달'이라고 불리는 사람이 되고 싶다.

2차시

34쪽
- (예시) 어떤 감정도 느낄 수 없으니, 어떤 상황에서도 기쁘거나 행복하지 않고 혼란스러울 것 같다. 또 다른 사람의 감정도 이해하기 어려워서 대화도 잘 안될 것이다.
- (예시) 1. 내 마음을 몰라 주니, 속상하고 당황스러울 것이다. / 2. 조용하고 적막할 것이다. / 3. '네 마음이 잘 이해되지 않아.' 등의 말을 하면서 공감이나 조언을 제대로 해 주지 못할 것 같다.

35쪽
- (길잡이) 나뭇잎을 색칠하면서 감정 나무에 어떤 감정이 자라는지 시각적으로 확인해 보세요.
- (예시) 여름 방학을 앞두고 있어서 감정 나무에 즐겁고 설레는 기분이 가득하다.

36쪽
- (예시) 앞으로 쓰고 싶은 단어 : 행복하다, 만족하다, 뿌듯하다 등 / 버리고 싶은 단어 : 불행하다, 두

렵다, 걱정스럽다 등
- (예시) 자랑스럽다, 홀가분하다, 재미있다 등

37쪽
- (예시) 나이 : 7세, 기억에 남는 일 : 그림 그리기 대회에서 최우수상을 받음, 나의 감정 : 기쁨, 뿌듯함
나이 : 8세, 기억에 남는 일 : 친한 친구와 같은 반이 됨, 나의 감정 : 안도, 행복함
나이 : 9세, 기억에 남는 일 : 체육 시간에 피구를 하다가 넘어져서 다리를 다침, 나의 감정 : 속상함, 슬픔

38쪽
- (예시) 37쪽의 내용을 바탕으로 그린 인생 그래프 그림
(길잡이) 37쪽의 '기억에 남는 일'에 대해 어느 정도의 행복감을 느꼈는지 행복 지수를 정하고, 이를 바탕으로 인생 그래프를 그려 보세요.

3차시
46쪽
- (예시) 강아지와 산책할 / 친구들과 농구를 할 / 엄마, 아빠와 함께 캠핑을 할
- (예시) 친구들과 싸웠을 / 엄마께 꾸중을 들을 / 스마트폰을 잃어버렸을

47쪽
- (예시) 신나게 웃는 표정을 그린 그림, 짜증 나고 화가 난 표정을 그린 그림
- (예시) 슬프다, 가면에 눈을 찡그리고 눈물을 흘리는 표정을 그린 그림

48쪽
- (예시) 기쁠 때 : 반달 모양으로 웃는 눈 / 나도 덩달아 기분이 좋을 것 같다.
슬플 때 : 찡그리고 눈물을 흘리는 눈 / 친구가 걱정되고 위로를 해주고 싶을 것이다.
화날 때 : 눈꼬리가 위로 올라간 눈 / 친구가 갑자기 무섭고 두려울 것이다.
설렐 때 : 동그랗게 반짝이는 눈 / 친구에게 무슨 일이 생겼는지 호기심이 생길 것 같다.

49쪽
- (예시) 1. 설렐 때 : 다리를 양옆으로 높이 올리며 뛰는 모습을 그린 그림 / 설렐 때는 어떤 일인지 궁금해서, 입을 막고 폴짝폴짝 뛰곤 한다.
2. 실망할 때 : 어깨가 쳐지고 아랫입술이 튀어나온 모습을 그린 그림 / 실망했을 때는 기대했던 마음까지 가라앉아서, 어깨가 축 쳐지고 고개가 아래로 내려가며 아랫입술이 삐죽 튀어나오곤 한다.

50쪽
- (예시) 1. 아! 왜 발을 밟아. 너무 아프잖아. / 높음 / 빠름
2. 얘들아, 잘 지내. 다음에 꼭 만날 수 있었으면 좋겠어. / 낮음 / 느림

4차시
58쪽
- 봉사를 해 나갈수록 더 많은 사람의 아픔과 고통에 공감했고, 타인을 사랑하는 마음이 커져서 계속 봉

사를 이어오게 되었습니다.

59쪽
- (예시) 늘 미소로 서로 만나게 해 주소서, 미소는 사랑의 시작이고 평화의 시작입니다.
- (예시) 어려운 상황에 처한 사람들을 도우면서도 미소를 잃지 않는 테레사가 존경스러워서 골랐다. 나도 미소를 잃지 않고 다른 사람들을 사랑하겠다고 다짐했다.

60쪽
- (예시) 나라면 안타깝고 무력한 마음이 들어서 포기했을 것이다.
- (예시) 인도의 수많은 약자들이 보살핌을 받지 못했을 것이다.

61쪽
- (예시) 누가 : 중학교 교복을 입은 형들 / 언제 : 지난 토요일 / 어디에서 : 놀이공원 / 무엇을 : 새치기를 했다. / 어떻게 : 갑자기 나타나서 내 앞으로 끼어들었다. / 왜 : 놀이기구를 빨리 타기 위해서일 것이다.
- (예시) 너무 화가 났지만, 무서워서 말은 못 하고 발만 동동 굴렀다. 계속 화가 나서 결국 그 놀이기구를 타지 않았다.

62쪽
- (예시) 누가 : 내가 / 언제 : 지난 화요일 / 어디에서 : 학교 운동장 / 무엇을 : 발목을 삐었다 / 어떻게 : 친구들과 놀다가 넘어졌다 / 왜 : 나보다 빨리 뛰는 친구를 급하게 잡으려 했기 때문이다.
- (예시) 당황스럽다, 걱정된다, 아프다, 슬프다 / 아

프고 슬픈 감정을 깊은 바닷속 소용돌이 속으로 던져버리는 상상을 했더니 마음이 진정되었다.

세계 위인과 함께 해결하는 E-CLIP 미션 대탐험

E-CLIP

who?

학습 만화 《who?》의 세계 위인과 함께 미션을 해결하는
12권의 '감성적 창의 주도성' 향상 프로그램!

E-CLIP 구성

권	주제	각 권 대표 위인	이야기 속 위인
1	동기	알렉산더 플레밍	에이브러햄 링컨, 찰스 다윈, 레이철 카슨
2	인지	레이철 카슨	레오나르도 다빈치, 리처드 파인먼, 마리아 몬테소리
3	인지 심화	마리아 몬테소리	토머스 에디슨, 오리아나 팔라치, 루트비히 판 베토벤
4	동기 심화	루트비히 판 베토벤	마하트마 간디, 버지니아 울프, 정약용
5	몰입	정약용	하인리히 슐리만, 아멜리아 에어하트, 헬렌 켈러
6	자아존중감	헬렌 켈러	알베르트 슈바이처, 신사임당, 스티브 잡스
7	창의성	스티브 잡스	헬렌 켈러, 알렉산더 플레밍, 스티브 잡스
8	창의성 심화	알베르트 아인슈타인	스티브 잡스, 레이철 카슨, 알베르트 아인슈타인
9	감성	마더 테레사	알베르트 아인슈타인, 루트비히 판 베토벤, 마더 테레사
10	감성 심화	월트 디즈니	마더 테레사, 정약용, 월트 디즈니
11	사회성	세종 대왕	월트 디즈니, 마리아 몬테소리, 세종 대왕
12	사회성 심화	마하트마 간디	세종 대왕, 마하트마 간디

* E-CLIP / 대상 초등학교 전 학년 / 책 크기 200 X 260 / 각 권 쪽수 70쪽 내외
* who? / 대상 초등학교 전 학년 / 책 크기 188 X 255 / 각 권 쪽수 180쪽 내외